**Copyright © 2023, Sabine Langfic**

Tous droits réservés. Aucune partie de ce livre ne peut être reproduite, stockée dans un système de récupération ou transmise sous quelque forme ou par quelque moyen que ce soit, électronique, mécanique, photocopié, enregistré ou autrement, sans l'autorisation écrite préalable de l'auteure.

Auteure: Sabine Langfic
Illustrations par Saher Mushtaq
(Certains éléments graphiques ont été créés avec Canva)
Édition : Auto-édition
Dépôt Légal : Juillet 2024
Code ISBN : 9798871176641, délivré par Amazon
Imprimé par Amazon.

## Remerciements

Un grand merci aux parents et à tous **mes élèves**. Chers élèves, vous êtes à l'origine de cette série et vous m'inspirez au quotidien.

Un merci tout particulier à **Saher Mushtaq**, mon illustratrice au grand talent. Les animaux et les enfants sont une création unique de Saher, qui est mon illustratrice exclusive. Je fais appel à elle pour chacun de mes livres.

Enfin, je souhaite remercier toutes les personnes qui ont contribué à la réalisation de ce livre par leur soutien et encouragements.

## Comment ce livre va t'aider:

- **Histoire illustrée** : Le fait de lire une histoire drôle avec des images va t'aider à mieux comprendre l'anglais, car tu pourras te souvenir où tu as lu les nouveaux mots. Parfait pour bien te souvenir!

- **Couleurs des mots** : Chaque nouveau mot anglais est en rose. Lorsqu'ils sont répétés dans l'histoire, ils apparaîtront en bleu.

- **Traductions** : Les nouveaux mots seront traduits une seule fois pour que tu puisses les apprécier dans leur contexte. Mais attention, tu as aussi des indices dans le titre des chapitres ou dans les images ! Alors, regarde bien tous les détails. Chaque nouveau mot est traduit sur la page de gauche, sous l'illustration. Une liste complète se trouve aussi en fin de livre. Enfin, tu as un fichier gratuit sur le site **www.langfic.com.**

- **Activités** : Pour que tu t'amuses, à la fin de chaque chapitre , des activités / jeux te permettront d'appliquer les nouveaux mots que tu viens d'apprendre. La correction est juste après la conclusion du livre.

- **Audio / vidéo** : Un QR Code se trouve à la page 106, tu peux sinon copier/coller son url équivalent. (qui se trouve sur la même page)

- Je te conseille de lire un peu tous les jours. Tu peux aussi prendre des notes sur ton livre. Prendre des notes te permettra d'encore mieux te souvenir, mais tu peux sinon te servir des fiches de vocabulaire et mettre un petit rond bleu quand tu te souviens bien du mot, et un petit rond orange quand ce n'est pas le cas.

# Table des Matières

### CHAPTER ONE - I AM SARCASM THE CAT ! — P07
Thèmes: le chat et sa personnalité
Compétences: je / tu (vous) & le verbe être / quand / où / je ne suis pas / es-tu? dans

### CHAPTER TWO - I LOVE COLOURS ! — P21
Thèmes: les couleurs & quelques animaux
Compétences: il/elle est / 1-5 / avec / la syntaxe

### CHAPTER THREE - THIS IS MY FAMILY — P43
Thème: la famille
Compétences: j'ai, il y a / comment? / nous / family tree

### CHAPTER FOUR - TODAY IS THE BIRTHDAY! — P59
Thèmes: anniversaire, amitié
Compétences: le temps (heures, semaine) / est-ce que tu aimes.. / 6-10 / pour / son, sa / petit, grand

### CHAPTER FIVE - MY FRIEND BOBBY IS NOT HAPPY ! — P73
Thèmes: amitié, petit-déjeuner
Compétences: verbes essentiels / am, pm / émotions

### CONCLUSION - I CAN HELP MY FRIEND BOBBY — P87
Thèmes: entraide, solution
Compétences: pouvoir, ne pas pouvoir / c'est / introduction à l'impératif

### CORRECTION DES ACTIVITES — P100

### LISTE DE VOCABULAIRE — P107

**Bulle** = Mon prénom est Sarcasme; Je suis Sarcasme le chat!

- CHAPTER
- ONE
- I
- AM
- SARCASM
- THE
- CAT
- MY
- NAME
- IS
- NO COMMENT
- NO
- SMART (INTELLIGENT)

- CHAPITRE
- UN
- JE / J'
- SUIS
- SARCASME
- LE (LA, LES)
- CHAT, CHATTE
- MON, MA, MES
- PRÉNOM
- EST
- SANS, PAS DE COMMENTAIRE
- NON, PAS, PAS DE
- MALIN / INTELLIGENT (E, S, ES)

## CHAPTER ONE
## I AM SARCASM THE CAT

**My name is…Sarcasm. No comment.** L'humain qui habite chez moi m'appelle Sarcasme parce que je fais exactement le contraire de ce qu'il me demande. Mais ce n'est pas ma faute !

Il faut que tu saches qu'il me parle comme si j'étais un bébé ou un chat débile, je ne suis pas encore sûr. Donc, souvent je fais le contraire de ce qu'il me demande pour lui faire comprendre que je ne suis pas dupe.
Non, monsieur.

Ce n'est pas parce que je n'ai que six mois que je suis bête, je suis même très **smart**. D'ailleurs, toute la famille qui habite chez moi avec mon humain applaudit dès que je fais quelque chose.

Et parfois, je fais des choses vraiment simples, en plus ! Je pense donc que les humains ne sont pas aussi **smart** que moi. Je vais te dire un secret : je crois qu'un jour mon humain fera ce que **je** lui demande, et pas l'inverse.

D'ailleurs, j'ai hâte que ça arrive, entre toi et moi. :)

**Bulle** = Je suis un chat (un chat 'royal')

I am a cat (a 'royal' cat)!

- ANYWAY
- ENGLISH
- OH WELL
- FOR
- NOW
- FOR NOW
- A
- ROYAL
- SO EMBARRASSING
- CATS
- YOU
- ARE

- BREF/ DE TOUTES FACONS
- ANGLAIS (E - ES)
- EH BIEN
- POUR
- MAINTENANT
- POUR LE MOMENT
- UN, UNE
- ROYAL (E, ES, AUX)
- LA HONTE
- CHATS
- TU / VOUS (MAIS AUSSI 'TOI')
- ES / ÊTES

**Anyway**, mon humain apprend à parler **English**. **Oh well**. Parce qu'à son âge, dire un mot par ci, un mot par-là, ce n'est pas gagné. J'ai bien envie de le lui dire, mais il a l'air tout content dès qu'il apprend un nouveau mot, et comme j'ai bon cœur, je ne lui dis rien. **For now**.

Mais, ce que je peux te dire, c'est que parfois, lorsqu'il essaie de se répéter les mots qu'il vient d'apprendre, il ne se les rappelle même pas, tu te rends compte!

Alors que moi, bien entendu, j'ai enregistré le mot, et même l'accent. Britannique, l'accent. En fait, je crois que je suis **a cat** très important, **a royal cat**, sauf que mon humain n'a pas l'air de le savoir.

**Anyway**, si tu veux, je te dirai tous les mots que mon humain apprend. Je te préviens, il ne va pas vite, à croire qu'il a deux ans.
**So embarrassing**.
J'ai six mois et je connais plus de mots en **English** que lui ! Mais je crois que l'âge des **cats**, est différent de celui des humains.

**Anyway**, en parlant de **cats**, il a commencé avec des mots comme « **a cat** ». Résultat, maintenant il me suit partout dans ma maison comme un idiot en criant « **you are a cat** », « **you are a cat**, « **you are a cat** » ! Bon, on a compris que **I am a cat**, remets-toi de tes émotions !

**Bulle** = "Mon prénom est Sarcasme. Je suis un chat. Je suis malin et je suis mignon.

- OH MY GOD
- CUTE
- DOG
- AND
- COLOURS
- BORING
- IN ENGLISH

- OH MON DIEU
- MIGNON (S) / MIGNONNE (S)
- CHIEN, CHIENNE
- ET
- COULEURS
- ENNUYEUX (SE, SES)
- EN ANGLAIS

J'ai réussi à lui échapper, mais **oh my God** !
Imagine-toi qu'il a besoin de parler **English** pour son travail, pour une promotion, si j'ai bien compris.
S'il court après son chef en hurlant « **cat** », à mon avis, la promotion, ce n'est pas pour demain.
Mais bon, je le laisse rêver, je crois que les humains font ça.

Moi, je n'ai pas besoin de rêver : **I am smart**, beau, agile, et adorable. D'ailleurs, toute la famille qui habite dans ma maison n'arrête pas de dire « qu'il est adorable ce chat ! », en parlant de moi.

Apparemment, **I am cute**. Ils ne comprennent pas encore à quel point **I am smart**, mais ce n'est pas grave. **For now.**

**Anyway**, maintenant que mon humain connait le mot **cat**, il répète le mot **dog**. Tu remarqueras qu'il a appris **cat** avant **dog**; je dis ça, je dis rien.

**And now**, il veut apprendre les **colours**. Et comme l'humaine, sa femme, veut l'encourager, elle lui a acheté des crayons de couleur aujourd'hui. Aucune idée pourquoi, il ne sait même pas colorier ! **So embarrassing !**
Elle ne doit pas le savoir parce qu'elle lui a aussi acheté un livre de coloriage pour adulte.

**Boring**, si tu veux mon avis. Comme tu le sais, je connais plus de mots **in English** que mon humain.

**Bulle** = "J'adore l'IA. J'adore ça!"

- TWO
- AI (ARTIFICIAL INTELLIGENCE)
- LOVE
- IT

- DEUX
- L'IA (INTELLIGENCE ARTIFICIELLE)
- ADORER
- CA (DANS NOTRE CONTEXTE)

Imagine-toi que dans son livre de coloriage, il n'y a même pas de **cat**! Tu te rends compte ?

Heureusement, je crois qu'à la fin de ce **chapter one**, non, **two**, toi, tu vas pouvoir me colorier. Ça, c'est intéressant. Ça, c'est stylé.

Mon humain, lui, doit colorier des paysages. Beurk. Trop nul et trop **boring** !

**Oh my God, and now**, il prend son temps pour ne pas dépasser, à croire qu'il veut ensuite vendre ses coloriages. Pffff. **No comment**.
Son humaine est toute contente des coloriages de mon humain, c'est ce qui compte, j'imagine.

Au fait, si tu te demandes comment je peux écrire mes aventures, tu n'es pas sans savoir que dans Intelligence Artificielle ou **AI in English**, il y a **Intelligence**. **Well**, figure-toi qu'il existe une application où je peux cliquer avec ma patte droite et je parle. **I love it!**

Je crois que l'application arrive à comprendre ce que je lui dis. Comme quoi, on n'arrête pas le progrès ! Je crois que **AI** va devenir mon assistant. Sauf qu'il ne va pas faire les courses et ne prépare pas mes repas.

- SORRY
- MILK
- IN
- KITCHEN
- TO CHECK

- DÉSOLÉ (E,S,ES)
- LAIT
- EN, DANS
- CUISINE
- VÉRIFIER (LE VERBE)

C'est bien dommage, d'ailleurs.
Dommage, parce que, le **milk**, et les croquettes, ça va bien un temps, mais si je suis ce que je crois être, à savoir **a royal cat**, dis-toi bien que ses croquettes, dans quelques mois d'ici, elle pourra se les garder.

**For now**, je ne dis rien parce que je suis en pleine croissance, donc j'accepte ses misérables croquettes, mais mon palais est exigeant.

Enfin, je ne me plains pas : l'humaine fait des efforts et pense à moi en achetant **my milk** et mes croquettes, donc je fais semblant de ne pas voir *que* ses défauts. **For now**.
Quoi que.

Mardi, le jour où elle est revenue avec ses crayons de couleur et les livres de coloriage, elle a oublié **my milk.** J'étais au bout de ma vie. Je l'entends expliquer, d'un air stressé, à mon humain, qu'elle a oublié d'acheter **my milk.** Honnêtement, sur le coup, j'ai cru à une blague. Pour en avoir le cœur net, je suis quand même allé **in the kitchen to check**.

Et là, en me voyant, elle a pris une voix de bébé et m'a dit « mais j'ai quand même de quoi te faire à manger mon petit chat chat » **Well**, encore heureux ! Entre nous, je te le dis, des claques se perdent.

# Activities / activités

## Retrouve quelques mots du Chapter One
*Attention: certains mots sont en diagonale*

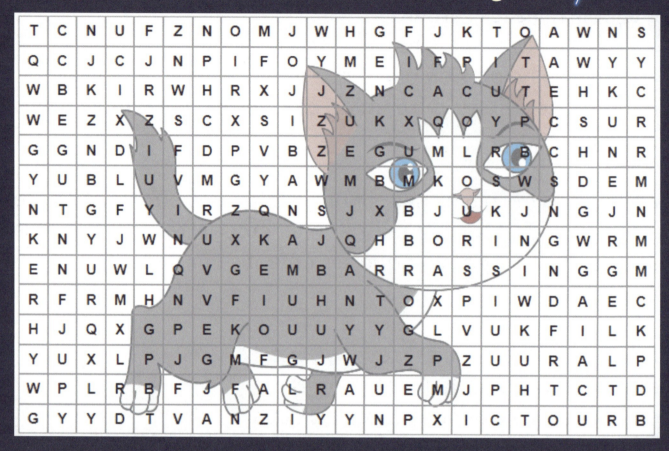

Ecris les mots en anglais et retrouve-les dans la grille

1. Couleurs
2. Mignon
3. La honte!
4. Anglais
5. Bref
6. Ennuyeux
7. Cuisine

1. _ _ _ _ _ _ _
2. _ _ _ _
3. (so _ _ _ _ _ _ _ _ _ _ _ )
4. _ _ _ _ _ _ _
5. _ _ _ _ _ _
6. _ _ _ _ _ _
7. _ _ _ _ _ _ _

## Aide Sarcasme à se comprendre

|   | *True* 'vrai' | *False* 'faux' |
|---|---|---|
| A - I am a cat | ☐ | ☐ |
| B - I am a dog | ☐ | ☐ |
| C - I am cute | ☐ | ☐ |
| D - I am smart | ☐ | ☐ |
| E - I am boring | ☐ | ☐ |

## Coche tout ce que tu vois:

- Sarcasm the Cat ☐
- Milk ☐
- A dog ☐
- A kitchen ☐
- A cat ☐
- AI ☐

# VOCABULARY MATCHING

## ASSOCIATION DE MOTS DE VOCABULAIRE

Dessine une ligne pour lier les images aux mots.

     One

    • Milk

    • A cat

   • Oh my God

    • Boring

    • A dog

   • A kitchen

# Crossword - Mots croisés

**across - horizontal**

3. Sarcasm says 'No _____'

5. "Sarcasm, you _____ a cat!"

7. Sarcasm says 'I love ____'

8. Sarcasm says 'I am _____!"

9. "Sarcasm says 'My_____ is Sarcasm"

**down - vertical**

1. Sarcasm is in the _____ for his milk.

2. Sarcasm is a _____ .

4. Sarcasm says ' for _____'

6. Sarcasm says ' I _____ smart'

ps: SAYS signifie 'dit'. Tu remarqueras le S à la troisième personne du singulier, en anglais.

- NOT REALLY
- TREE
- TREES
- HE
- IS NOT (OU HE ISN'T)
- MEAN

- PAS VRAIMENT
- ARBRE
- ARBRES
- IL
- N'EST PAS
- MÉCHANT

# CHAPTER TWO
## I LOVE COLOURS !

Mon humain est convaincu que je passe mon temps à jouer. **No comment**. Il n'arrête pas de me dire « ah, tu veux jouer mon bébé Sarcasme ».
 **No**, **not really**. ✖

Hier matin, par exemple, je suis allé chasser. Je suis un excellent chasseur.
En plus, je chasse beaucoup de choses incroyables. Hier, j'ai chassé une feuille qui était tombée de **the tree** du jardin. Sauf que je ne suis pas revenu avec, parce qu'elle ne bouge pas quand il n'y a pas de vent. Donc, aucun intérêt, tu es d'accord avec moi.

C'est que je suis très **smart**, moi. Je ne perds pas mon temps à chasser les feuilles des **tree**s quand les feuilles ne volent pas. Je les observe, c'est tout.

Je laisse **the dog** courir après les feuilles, ça a l'air d'être davantage son truc. **He is not mean**, mais il n'a pas l'air d'être aussi **smart** que moi. ✖

- BED
- AT THREE A.M
- A.M
- NUMBER
- FOUR
- FIVE

- LIT
- A 3H DU MATIN
- DU MATIN
- NUMERO (OU CHIFFRE, SELON LE CONTEXTE)
- QUATRE
- CINQ

Au début, il me sentait, sans doute pour voir si j'étais de sa famille, et puis, il s'est lassé. Mais quelques fois, il veut jouer avec moi. Je le laisse faire, parce qu'il me fait rire. Et au moins, lui, a le bon goût de ne pas m'interrompre quand je suis en pleine réflexion.

Parce que mon humain, lui, vient me déranger quand ça lui chante. Des claques se perdent.

D'ailleurs, pour me venger, des fois, quand il est dans son **bed** et qu'il dort, je vais lui donner des petites claques.

La nuit dernière, **at three A.M.**, son humaine s'en est aperçue. J'ai bien cru qu'elle allait me dire quelque chose, mais quand elle a vu que mon humain s'était arrêté de ronfler après la claque **number four**, elle m'a même souri. Elle est sans doute presque aussi **smart** que moi.

Mais je dois faire attention à quand je vais dans le **bed** rendre visite à mon humain, parce que des fois, ça le réveille. Et quand ça le réveille, il fait les gros yeux. Surtout quand il regarde son réveil et que c'est marqué **five**.

Apparemment, **at five A.M**, il ne faut pas réveiller mon humain. **No comment.** Sans doute parce qu'il ne chasse pas la nuit, comme moi.

Quelle perte de temps !

**Bulle 1** = "Oh mon Dieu! Qu'est-ce que c'est (que ça)?" (quand on dit 'this', en général, on pointe du doigt ou on insiste sur quelque chose)
**Bulle 2** = "Eh bien, ça, c'est une souris! "  Sarcasme aurait pu répondre 'it's a mouse", c'est une souris)

- WHAT
- WHAT'S THIS?
- THIS IS
- HOUSE
- MICE
- MOUSE

- QUOI OU QU'EST-CE QUE (SI QUESTION)
- QU'EST-CE QUE C'EST (QUE CA)?
- CECI EST / C'EST / CA, CEST
- MAISON
- SOURIS (AU PLURIEL)
- SOURIS (AU SINGULIER)

Moi, **at five A.M**, des fois même, **at four A.M**, **I check** toutes les entrées stratégiques de **my house**.

**I check** que les petits humains dorment, parce que ce sont mes petits chouchous à moi ; **I check** que la porte d'entrée est bien fermée, **I check** que **the dog** est dans son panier, et qu'il n'y a pas de **mice** dans le quartier.

Mais, que je te raconte, c'est toute une histoire quand je ramène **a mouse in my house**, surtout quand c'est l'humaine qui a la chance de la voir en premier. Apparemment, elle les a en horreur. **No comment**. En tous cas, elle crie très fort.

Honnêtement, ça m'énerve. Si c'est sa manière de me féliciter, franchement, c'est nul.

Je préfère son attitude envers mon humain qui ne lui ramène même pas de **mice**, ou les petits humains qui ne lui ramènent jamais rien d'ailleurs.

Moi qui croyais tata Mia qui habite en face, quand elle disait qu'on n'a jamais rien sans rien, les petits humains ne produisent rien, et pourtant ils ont les faveurs de l'humaine. Elle leur passe tout, je n'ai jamais vu ça.

**Really**, le monde des humains me dépasse.

**Bulle 1** = Couleurs

**Bulle 2** = "Tu es mauvais en anglais! L'anglais est facile!!"

- WITH
- YOU
- ARE
- BAD (AT)
- AT SCHOOL
- SCHOOL
- EASY

- AVEC
- TOI (OU VOUS)
- ES/ ÊTES  (SOMMES, SONT)
- MAUVAIS (EN) / MÉCHANT
- À L'ÉCOLE
- ÉCOLE
- FACILE (S)

Ah, mon humain veut me réciter **the colours** de l'arc en ciel. Il me les répète, comme si j'étais son tuteur. **No comment**.

**He says** « toi, au moins, tu ne peux pas me critiquer, donc je peux travailler **my English with you** ». **No comment.** Je ne me gêne pas pour le critiquer ! Mais comme il ne comprend pas quand je le fais, il est content comme ça.

J'ai vite compris qu'il est fragile, mon humain, et qu'il se vexe vite, donc je le laisse avec ses illusions.

Mais, par moments, son accent est tellement **bad** que je dois fermer les yeux. Pitié pour mes oreilles. **So embarrassing** !

Et je sais que son accent **is bad**, parce que je regarde la télé **in English** quand je suis seul chez moi.

Ça, c'est quand les grands humains vont au travail, et que les petits humains sont **at school**.

Quant à **the dog**, il ne fait aucun effort pour parler **English** et les programmes **in English** ont l'air de le saouler. Mais comme c'est le seul qui ne me tape pas sur les nerfs, je ne dis rien.

**Ah, yes, colours**. Franchement, **easy**. Comme j'ai une excellente mémoire et des yeux de lynx, je vais te répéter les cours de mon humain sur les **colours**.

- SKY
- BLUE
- SUN
- YELLOW
- PODCAST
- GRASS
- GREEN

- CIEL
- BLEU (E,S,ES)
- SOLEIL
- JAUNE (S)
- PDDCAST
- L'HERBE
- VERT (E,S,ES)

Et tu pourras même ensuite colorier à la fin du **chapter two.** Alors, quand il fait beau et que tu regardes **the sky**, tu peux voir qu'il est **blue**. On dit alors **the sky is blue**.

Et le soleil, **the sun**, est **yellow**, donc le soleil est jaune, **the sun is yellow**.

Mon humain, lui, apprend une liste de vocabulaire. Franchement, je ne sais pas comment il fait, parce que moi, je retiens mieux avec les histoires.

En fait, l'autre jour j'écoutais **a podcast** sur le cerveau des humains - parce que je reste informé quand même - et un professeur du cerveau, un neurologue je crois, disait que les mots s'apprenaient et se retenaient plus facilement grâce aux histoires et aux associations.

Donc, pendant que mon humain apprend une liste de vocabulaire, moi, j'associe un mot avec **a colour**, par exemple, et je retiens mieux. Je fais ça avec tout.

Lui, par contre, est obligé d'essayer de faire appel à sa mémoire ! Moi, je repense juste aux histoires et hop, je retrouve tous les mots ! **Easy** !

Bref, on a aussi l'herbe verte. L'herbe se dit **grass** et vert ou verte ou verts et vertes au pluriel, ça se dit **green**. **The green grass. The grass is green.**

C'est ça qui est plutôt sympa avec les **colours**, entre autres, c'est que, même si c'est au pluriel, donc qu'il y en a plusieurs, pour les **colours**, ça ne change rien.

Par exemple, tu dis « **the green apple** » pour la pomme verte, mais si tu as plusieurs pommes vertes, tu vas mettre pommes au pluriel, là c'est normal, tu vas dire **apples** et tu prononces bien le **s** de **apples**, sinon on croit que tu as oublié de le mettre, mais par contre, **green** va rester **green**. Donc, **the green apples**.

C'est chouette, non ? Moi, je trouve que c'est stylé.

Bon, j'en suis où, moi. **Ah yes**, alors on connait maintenant **blue, yellow, green**, tu as **red** pour le rouge, et tu peux dire « **a red apple** », et, au pluriel, « **red apples** ». **I don't like red apples.** Les **green** non plus, d'ailleurs. **I don't like apples. Yuck.** Même celles du **garden** qui, apparemment, sont excellentes.

J'ai essayé d'enseigner les **colours** à **Bobby the dog** l'autre jour, mais il a confondu l'ordre des mots !

Quand je lui ai expliqué que la traduction était la verte pomme ou le jaune soleil, il m'a regardé comme si je tombais de **the tree in the garden**, et il a osé mettre ma parole en doute, tu te rends compte ?
J'étais fou, mais comme je suis cool, j'ai fait semblant de garder mon calme. Mais, entre nous, ça m'a un peu énervé.

**Bulle** = Je suis un (e) chat (te) noir (e) et je suis mignon (ne)

I am a black cat, and I am cute!

- BLACK
- GREY

- NOIR (E,S,ES)
- GRIS (E,ES)

Sinon, tu as aussi **black**. Tu savais, toi, qu'il ne faut pas traverser la rue quand il y a **a black cat** ?  Si, si. **No comment.**

**Anyway,** j'ai entendu l'autre jour une conversation hallucinante entre mon humain et un de ses copains : le copain lui disait que si **a black cat** traversait la route de gauche à droite, ça allait, mais de droite à gauche, ça portait malheur.
**No comment.**

Si son copain me croise n'importe où, du côté gauche ou du côté droit, alors que je suis en train de chasser **a mouse**, je peux te dire qu'il n'a pas trop intérêt à m'énerver.

Parce que je commence à avoir des griffes, et que, s'il m'énerve, je n'aurai aucun problème à les utiliser. C'est mon arme secrète. Je fais le gentil, mais un moment d'inattention et tac, je me lance sur le copain avec mes griffes.

Sinon, moi, tu as vu, je suis plutôt **grey**. **I am a grey cat, and my name is Sarcasm.**

I am a grey cat

Bulle = "Je suis un ours brun (marron), et je ne suis pas dans ma maison!

- SANDWICH
- BROWN
- BEAR
- TEDDY BEAR
- TEE-SHIRT
- WHITE

- SANDWICH
- MARRON
- OURS
- NOUNOURS
- TEE-SHIRT
- BLANC(S), BLANCHE(S)

Tu aimes le marron ? Attends, je cherche ce qui peut être marron pour que tu fasses une association. Ça y est, trouvé : un ours. Tu connais sûrement l'ours Paddington, non ?

Mais si, c'est l'ours en Angleterre, il est toujours avec un **sandwich** à la main, je le trouve très drôle. Donc, marron se dit « **brown** », et l'ours se dit « **bear** », donc "**the brown bear**" ou "**the bear is brown**".
Ah, au passage, le nounours se dit « **teddy bear** ». Tu le savais ? Moi pas.

C'était le dessin sur le **Tee-shirt** de la petite humaine, Coralie, qui habite chez moi. Quand elle était **at school**, j'ai demandé à **AI** de me traduire nounours, et j'ai eu « **Teddy Bear** », en retour.

Et toi, tu as déjà utilisé **AI** ? Franchement, ça a changé ma vie de chaton.

**Ah, and tee-shirt**, c'est **English** à la base, comme ça tu peux aussi l'utiliser. En parlant de **tee-shirt**, celui de la petite humaine était blanc ce matin, avec donc un dessin de **teddy bear**.

Et le 'blanc' se dit « **white** », donc tu peux dire « **the white tee-shirt** ».

Qu'est-ce que je pourrais te dire, sinon ?

I am Sarcasm the grey and white cat. I am in my bed for a nap :)

**Bulle** = Je suis Sarcasme le chat gris et blanc. Je suis dans son lit pour une sieste :)

- PINK
- PIG
- NAP
- SEE YOU LATER
- SEE
- LATER

- ROSE
- COCHON
- SIESTE
- À PLUS TARD (LIT. "JE TE VOIS PLUS TARD")
- VOIR
- PLUS TARD (VIENT DE 'LATE', 'TARD')

Ah oui, the colour pink avec Peppa Pig, tu connais ? Attends, je te cherche une photo d'un cochon. Oui, un cochon, parce que dans "Peppa Pig", tu as pig, et pig, ça veut dire cochon.

Honnêtement, j'ai vu plusieurs fois ce dessin animé, mais je n'avais jamais fait le rapprochement que "pig" voulait dire cochon.

Bon, je suis fatigué d'avoir autant utilisé mon cerveau, tu m'excuseras, mais je vais aller faire a nap in my bed.

Après my nap, je serai en pleine forme et on pourra continuer. See you later !

# Activities / activités

## Retrouve quelques mots du Chapter Two

*Attention: certains mots sont en diagonale*

| D | Z | A | R | I | E | M | E | Y | W | S | D | H | L | R | X | N | L | I | E | N |
| E | B | D | K | G | G | W | W | K | K | Q | M | E | D | K | W | T | V | N | R | C |
| M | F | V | N | K | W | B | C | H | E | M | I | O | S | O | I | P | V | R | P | I |
| Q | Q | A | N | H | R | A | V | U | I | P | A | V | R | E | G | I | M | D | D | P |
| P | R | R | A | A | L | F | L | B | W | T | T | B | L | I | R | N | F | X | T | B |
| O | H | T | C | B | K | B | R | A | I | M | E | R | V | P | E | K | L | R | O | D |
| Y | U | Y | A | O | T | O | H | J | Q | D | F | B | E | E | Y | E | L | L | O | W |
| G | G | Z | B | W | P | N | F | G | Z | K | K | S | R | D | K | V | B | L | S | U |
| M | F | B | S | S | L | T | G | F | Z | U | H | G | O | I | C | X | O | R | S | M |

**Recopie les couleurs dans les cases blanches**

**Place les couleurs qui correspondent**

1. BROWN
2. BLUE
3. YELLOW
4. GREY
5. GREEN
6. RED
7. WHITE
8. BLACK
9. PINK

**Mot bonus: Orange**

# Numbers - Chiffres

Recopie chaque chiffre, puis relie-les dans l'ordre

- SIX — — —
- THREE — — — — —
- EIGHT — — — — —
- ONE — — —
- NINE — — — —
- TWO — — —
- FOUR — — — —
- SEVEN — — — — —
- FIVE — — — —
- TEN — — —

1  2  3  4  5

6  7  8  9  10

1. Blue
2. Red
3. Black
4. Yellow
5. Green
6. Gray

*Le reste du dessin est "white" :)*

**Fais des phrases en commençant par:**
I have (J'ai) a____ ____.

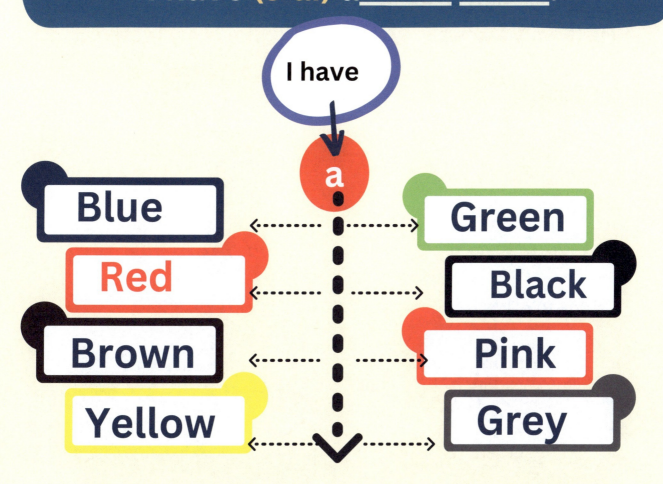

Ex: I have a

green apple

# This is my family

He is my Dad, my Daddy.
He is a my father.

She is my Mummy, my Mum.
She is my mother.

He is my brother

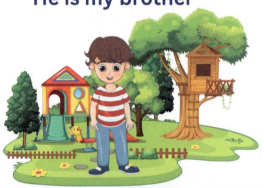

She is my sister

- FAMILY
- HI
- HOW ARE YOU?
- HOW
- I'M FINE (I AM FINE)
- THERE IS
- (THERE ARE)
- DAD, DADDY
- FATHER
- MUM, MUMMY
- MOTHER
- NICE
- SISTER
- BROTHER
- SHE
- HAVE

- FAMILLE
- SALUT (BONJOUR)
- COMMENT VAS-TU? (ALLEZ-VOUS)
- COMMENT
- JE VAIS BIEN
- IL Y A (AU SINGULIER)
- IL Y A (AU PLURIEL)
- PAPA
- PÈRE
- MAMAN
- MÈRE
- GENTIL (S, LLE-S)
- SOEUR
- FRÈRE
- ELLE
- AVOIR

## CHAPTER THREE
## THIS IS MY FAMILY !

**Hi**, **how are you** ? En tous cas, moi, **I'm fine**. Sans doute parce que je viens de me réveiller de **my nap**, j'ai bien dormi.

Je me rends compte que j'ai oublié de te présenter **my family**. **In my family**, **there is a dog**, Bobby.

Mon humain est sans doute mon papa, mais je ne suis pas sûr. En tous cas, les petits humains l'appellent 'papa'. **In English,** '**daddy**' ou '**dad**'. Parce que père, c'est un peu différent, c'est **father**. **In my family, there is daddy.**

Sa femme, logiquement, est probablement 'ma maman', **my mummy** ou **mum**. La mère, sinon, se dit "**mother**". **In my family, there is mummy.**

La petite humaine s'appelle Coralie, **she is really nice**. Donc, **she is my sister**, et son frère, Gaspard, le petit humain, **he is my brother**. Enfin, j'imagine.

**In my family, there is my nice sister** Coralie. **And, in my family, there is my nice brother** Gaspard. **I have one sister and one brother.**

**Bulle 1** = "Je suis un poisson. Es-tu un poisson?" "Non, (je ne le suis pas), je suis un chat!"

**Bulle 2** = "Nous sommes des animaux domestiques" "Ceci est / C'est un chien" "Ceci est / C'est un chat"

**Bulle 3** = "Nous sommes jeunes"

**Bulle 4** = "Nous ne sommes **pas** jeunes"

- PETS
- FISH
- NO, I'M NOT
- ME
- YOUNG
- SHE IS FIVE YEARS OLD
- YEARS
- WE
- THEY
- PARENTS

- ANIMAUX DOMESTIQUES
- POISSON
- NON (JE NE LE SUIS PAS)
- MOI
- JEUNE (S)
- ELLE A CINQ ANS
- ANS, ANNÉES
- NOUS
- ILS / ELLES
- PARENTS

**I am a cat and Bobby is a dog**, donc, comme nous sommes deux, on parle de pluriel. Et les animaux domestiques, apparemment, ça se dit "**pets**". Donc, au lieu de dire '**there is**' pour le singulier, j'ai remplacé **is** qui normalement veut dire 'est' par **are** qui normalement veut dire 'sont', donc **there are two pets in my family. There *is* a dog, there *are* two pets in the house.** Logique.

J'espère que tu as compris mon explication, parce que des fois, **Bobby** me dit que je parle trop et qu'il ne comprend rien. **No comment.**

Voilà. Ah, j'oubliais, **there is a fish**, mais lui n'a pas grand intérêt car je n'arrive pas à l'attraper. Je ne le compte même pas comme **a pet**.

D'ailleurs, je ne comprends absolument pas pourquoi **my family** décide de garder **the fish** en sachant que ça m'énerve de le voir et de ne pas pouvoir le manger. Et pourtant, mon humain **loves me**, alors je ne comprends pas.

**My sister is young**; **she is five years old**. **My brother is young, he is four years old. My sister and my brother are young. My sister, my brother and I are young. We are young.**

**I have a mother, a father, a sister, and a brother. They are nice. My sister and my brother are young; my mother and my father (my parents) are not young.**

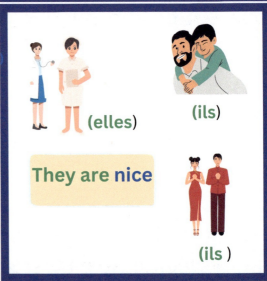

I am (je suis)

You are (tu es)

He is (il est)

She is (elle est)

We are (nous sommes)

You are (vous êtes)

You are (ils/elles sont)

- VERY
- OLD
- SIX
- MONTHS
- GIRL
- BOY
- WOMAN
- MAN
- BABY
- KITTEN
- LIVE
- FRANCE
- THANK YOU
- YES / NO
- PLEASE
- CAR
- HIS

- TRÈS
- VIEUX, VIEILLE (S)
- SIX
- MOIS
- FILLE
- GARCON
- FEMME
- HOMME
- BÉBÉ
- CHATON
- VIVRE
- FRANCE
- MERCI (À TOI, À VOUS)
- OUI / NON
- S'IL-TE-PLAÎT / S'IL-VOUS-PLAÎT
- VOITURE
- SA, SON, SES (À LUI)

Je n'ose même pas te donner l'âge de mon humain et de l'humaine, à mon avis ils ont au moins cent ans. Je ne sais même pas compter jusqu'à cent, c'est te dire à quel point **they are old**.
Je suis même presque sûr que **they are very old**.

Quant à moi, tu te souviens ? **I am six months old**. Donc, 'les années' se disent **years** et 'les mois' se disent **months**.

**My sister is a girl**. **My brother is a boy**. **Mummy is a woman**. **Dad is a man**. **I am a baby**. Enfin, comme je ne suis pas un humain, mais **a cat**, je crois que j'ai entendu l'humain dire que j'étais un bébé chat, donc un chaton, et 'un chaton' **in English** se dit « **a kitten** ». C'est joli, « **a kitten** », non? **I am a cute kitten, and I am six months old.**

Voilà, tu sais tout. Enfin, tu sais déjà beaucoup de choses. Ah, j'allais oublier de te dire où on vit: **we live in France**.

Et j'imagine que tu sais dire merci, oui, non, s'il-te-plaît ou s'il-vous-plaît, tout ça.

Mon humain connaissait déjà « **thank you** » pour merci, « **yes** » pour oui, « **no** » pour non, « **please** » pour s'il-te-plaît ou s'il-vous-plaît, et « **car** » pour voiture. C'est parce que **he loves his car**.
Mais je crois que les humains ont une relation particulière avec leur **car**, c'est très bizarre.

- HER
- HAIR ( SINGULIER / PENSE À "CHEVELURE":)
- HAPPY
- BIRTHDAY
- TO YOU
- SHOES

- SON, SA, SES (À ELLE)
- CHEVEUX
- HEUREUX
- ANNIVERSAIRE
- À TOI
- CHAUSSURES

L'humaine est juste contente que **the car** la conduise de **my house** au travail, et de **my house** au supermarché, elle ne parle pas à **her car**, elle n'a pas donné de **name** à **her car** ni rien de tout ça. Mon humain, si. **His car is 'Sandy'**, il lui parle, et il passe son temps à aller la faire laver. **No comment.**

L'humaine est davantage obsédée par **her hair**. **Hair** est au singulier **in English**, bizarre, non? En français, on dit "ses cheveux sont...", **and in English**, il faut penser "sa chevelure est.." **Anyway**, ce matin, elle avait fait une nouvelle coiffure, je ne l'ai même pas reconnue. D'ailleurs, **the dog** m'a regardé pour savoir quoi faire : lui ne savait pas s'il devait aboyer, et moi, si je devais la griffer. Heureusement, mon humain est arrivé et lui a dit « salut chérie, tiens, nouvelle coiffure ? ».

J'ai fait signe à **the dog** de ne pas aboyer, il serait passé pour un débile alors que **she lives in my house**. Mais franchement, elle pourrait nous prévenir quand elle change de tête.

Quelque chose de chouette est arrivé ce matin. Le petit humain Gaspard va fêter son anniversaire demain, tout le monde va chanter « **happy birthday to you** », et il a eu le droit de commander un cadeau.

Il était tout excité. Il a commandé un kit de magie.

**Bulle** = "Je n'aime pas les chapeaux! Et je n'aime pas les chapeaux sur ma tête!"

- HAT
- HATS
- HEAD

- CHAPEAU
- CHAPEAUX
- TÊTE

Il a dit à **the dog** qu'il allait être son assistant pour ses tours de magie.

Etant donné que je suis l'assistant de personne, même pas du petit humain que **I like**, je me suis vite caché pour ne pas me faire embarquer dans son histoire de magie.

Si tu veux mon avis, ça sent les ennuis.

D'ailleurs, il a dit à **the dog** qu'il devrait porter **a hat**. Ça a complètement stressé **Bobby** qui n'a pas eu la présence d'esprit de s'échapper, comme moi.

Dans l'après-midi, je vais encore devoir le relaxer en montant sur son dos pour masser **his head**. Mais bon, le petit humain veut bien faire, et honnêtement, **he is not mean, he is very nice.**

# My family Tree

Grandfather  Grandmother    Grandfather  Grandmother

Mummy                          Daddy

ME (*moi*)     Sisters?     Brothers?

**Mes mots bonus:**
- Grandfather : grand-père
- Grandmother: grand-mère

# Retrouve quelques mots du Chapter Three
*Attention: certains mots sont en diagonale*

| A | O | H | I | X | T | Y | A | N | J | T | B | M |
|---|---|---|---|---|---|---|---|---|---|---|---|---|
| F | M | A | K | N | V | S | I | S | T | E | R | T |
| M | A | V | G | I | E | M | E | A | L | D | O | G |
| Q | S | M | F | R | T | I | U | U | B | A | T | K |
| O | O | E | I | S | F | T | J | M | F | D | H | N |
| Q | E | Y | U | L | B | I | E | H | M | D | E | F |
| J | A | F | T | M | Y | Y | S | N | N | Y | R | B |
| U | P | Q | L | S | C | O | R | H | K | V | G | W |

1. **papa**
2. **chien**
3. **frère**
4. **poisson**
5. **famille**
6. **chaton**
7. **soeur**
8. **maman**

1. _ _ _ _ _ _
2. _ _ _
3. _ _ _ _ _ _ _
4. _ _ _ _
5. _ _ _ _ _ _
6. _ _ _ _ _ _
7. _ _ _ _ _
8. _ _ _ _ _

# Le jeu de l'âge en anglais; remplis avec :

**are / months / old / am / you / how**

I ___ two months old.

No, 'You ___ two years ___.

I am six ___ old.

Oh, thank you; and ___ old are ___ ?

En anglais, souviens-toi que pour dire son âge, on ne dit pas comme en français.

Pour t'en souvenir, dis-toi que tu peux traduire par 'je suis vieux ou vieille de 2 ans - dans notre exemple

**Bulle 1** = "J'ai deux mois"
**Bulle 2** = "Non, tu as deux ans"
**Bulle 3** = Oh, merci (à toi); et quel âge as-tu?
**Bulle 4** = "J'ai six mois"

# There is ('il y a' au singulier)
# There are ('il y a' au pluriel)

There \_\_\_\_ \_\_\_\_ \_\_\_\_.
(Il y a deux filles)

There \_\_\_\_ \_\_\_\_ \_\_\_\_.
(Il y a un garçon)

There \_\_\_\_ \_\_\_\_ \_\_\_\_.
(Il y a trois chiens)

There \_\_\_\_ \_\_\_\_ \_\_\_\_ \_\_\_\_.
(Il y a quatre chats mignons
attention à l'ordre des mots

There \_\_\_\_ \_\_\_\_ \_\_\_\_ \_\_\_\_.
(Il y a six voitures rouges)
attention à l'ordre des mots

There \_\_\_\_ \_\_\_\_ \_\_\_\_.
(Il y a deux chapeaux noirs)
attention à l'ordre des mots

# Crossword - Mots croisés

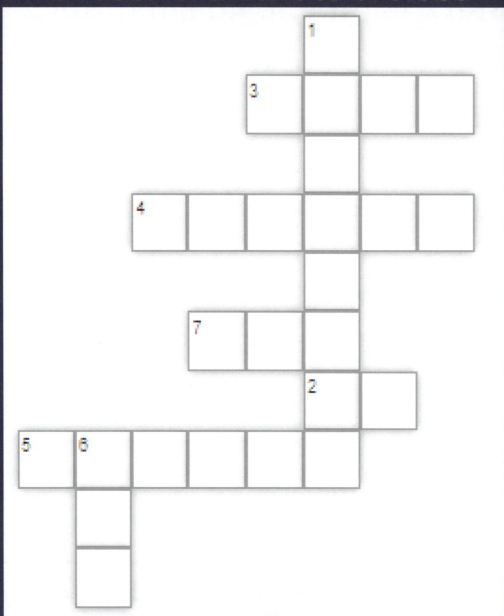

### across - horizontal

2. "I _____ two years old"
3. "I _____ in France."
4. A baby cat is a _____ .
5. 'In my _____, there is my brother"
7. "How_____ are you?" 'I'm six months old'

### down - vertical

1. Happy _____ to you.
6. 'How _____ you? 'I'm fine, thank you.'

# VOCABULARY MATCHING

**Draw a line to match the pictures to the words.**

Dessine une ligne pour lier les images aux mots.

 ● ● **He is very young**

 ● ● **This is a woman**

 ● ● **She is old**

 ● ● **He is a boy**

 ● ● **They are girls**

## Gaspard, yesterday, at school
Gaspard, hier, à l'école

## Gaspard, today, for his birthday
Gaspard, aujourd'hui, pour son anniversaire (à lui)

Is it my birthday?

No, it's not.

**Bobby:** Est-ce que c'est mon anniversaire?
**Sarcasme:** Non (ce n'est pas - (ton anniversaire))

- PARTY
- HOURS
- TODAY
- OR
- EVERY DAY
- YESTERDAY
- THIS MORNING
- THE DOG AND I

- FÊTE
- HEURES
- AUJOURD'HUI
- OU (OU BIEN)
- TOUS LES JOURS
- HIER
- CE MATIN
- LE CHIEN ET MOI

## CHAPTER FOUR
## THE BIRTHDAY PARTY !

Ça y est, c'est **the birthday** du petit humain, Gaspard. Il va y avoir **a party in my house for his birthday**.

**Bobby** porte déjà **the hat**. Il est au bout de sa vie.
Quand on ne le connait pas bien, on pourrait penser qu'il boude, mais non, c'est juste qu'il est en pleine dépression.

Enfin, il allait mieux quand je lui ai expliqué qu'il allait devoir porter **the hat** seulement **for five hours**. Il s'est inquiété de savoir si c'était juste **for today**, **or every day**.

Je lui ai dit que c'était juste **for today**, mais que je n'étais pas sûr. Il allait quand même mieux qu'au réveil, car malgré son massage de **yesterday**, il s'est réveillé **this morning**, en me disant "**I don't like hats**". Tu m'étonnes.

**The dog and I**, on se demande si on **a birthday party**, et si on peut aussi choisir un cadeau. De mémoire, personne ne m'a souhaité **my birthday**, je ne sais pas pourquoi. Je vais devoir enquêter, parce que ça me paraît louche, si tu veux tout savoir.

En attendant, tous les humains ont mis de beaux vêtements, et l'humaine vient de passer **three hours, in the kitchen,** à préparer à manger. Je me demande si on nous prépare aussi un repas spécial, à **Bobby and I**.

Bon, je m'approche de la table pour te dire ce que les humains ont à manger. **There is a cake**, mais je ne sais pas ce que les humains vont manger. **Yes, there is a hamburger**.

**Wait**, l'humaine me gronde, alors que je n'ai pas encore fait de bêtises. Comme quoi je n'ai pas le droit de m'approcher de la table, que ce n'est pas **for me**, blah blah blah.

« Parle à ma patte, l'humaine, franchement je suis choqué par ton attitude ». Ok, elle me saoule trop.

En plus, ce n'est pas la première fois qu'elle me fait le coup. A chaque fois qu'elle a des invités, elle nous gronde comme ça, pour rien, **Bobby and I**, enfin, surtout moi d'ailleurs. Des claques se perdent. Heureusement qu'elle me donne à manger **every day**, sinon je serais **very angry**.

Ah, on vient de sonner à la porte d'entrée. **Wait**, je prends mon élan et je cours très vite pour voir qui a sonné. **I love it**.

Je trouve un bon coin duquel je peux tout regarder. Et critiquer, bien sûr.

**Bulle**: 'Ah, il y a un enfant. Non, attends, oh mon Dieu, il y a trois enfants!'

- PROBLEM
- CHILD (SINGULIER)
- CHILDREN
- HORSE

- PROBLÈME
- ENFANT
- ENFANTS
- CHEVAL

Bon, où est-ce que je vais me poster, moi? Ah, ça y est, la petite fenêtre près de la porte d'entrée.

**Wait**, j'appelle l'humaine: « Tes invités sont arrivés, l'humaine !»

Mais qu'est-ce qu'elle fait, encore ? Ah, elle fait quelque chose à **her hair** devant le miroir près de la porte d'entrée.
Il va falloir que **one day**, je lui demande si **her hair** ont un pouvoir magique, parce que sinon, ça veut dire qu'elle a **a problem**. Bon, elle se sourit dans le miroir, **her hair** ont donc sûrement retrouvé leur pouvoir magique, **I am happy for her**.

**Ah, there is one child. No, wait, oh my God, a family with three children! There are three children!**

Il vaut mieux que j'avertisse Bobby avant qu'il ne s'évanouisse de peur à l'idée que les petits humains le prennent **for a horse**, et essaient encore de monter sur son dos.

La dernière fois, il n'avait pas apprécié la blague. Bon, je m'en doutais, il cherche un endroit où se cacher.

**The problem**, c'est qu'il est grand, alors que moi, je suis petit, et je peux me faufiler partout sans me faire repérer.

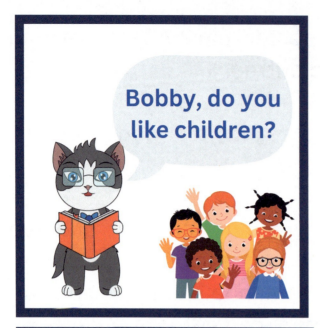

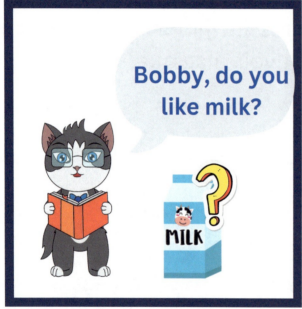

**Bulle 1** = "Bobby, est-ce que tu aimes les enfants?"
**Bulle 2** = "Oui! Ils sont très gentils, mais je ne suis pas un cheval!"
**Bulle 3** = "Bobby, est-ce que tu aimes le lait?"
**Bulle 4** = "Non! (je n'aime pas)"

- BUT
- OTHER
- SMALL
- BIG
- PHOTO
- DO
- FRIEND

- MAIS
- AUTRE
- PETIT (S,E,ES)
- GRAND (S,E,ES), GROS (SE,ES) SELON LE CONTEXTE
- PHOTO
- FAIRE (VERBE), OU 'EST-CE QUE' (QUESTION)
- AMI,E

D'ailleurs, the other day, il me disait « you are small, and I am big". Je n'ai pas pu dire le contraire.

C'est un *Golden Retriever*, tu vois ce que c'est ? Wait, je te montre his photo.
This is a photo of the dog, Bobby :

Do you like Bobby? I like Bobby. Bobby is my friend. Avec Bobby, souvent je joue à rajouter des mots in English, I love it. Not Bobby. No comment.

Ah, on sonne encore à la porte d'entrée. Je reviens tout de suite, je vais faire mon curieux. Wait, je préviens the dog. My friend Bobby craint le pire. Tu m'étonnes.

Anyway, qui a sonné ? Oh my God, accroche-toi à ton slip, ten children ! Je ne sais même pas comment je vais l'annoncer à Bobby.

Déjà qu'il veut que je demande aux voisins s'il peut se cacher chez eux pendant the birthday party, l'arrivée de ten children risque de lui faire vraiment peur, ce coup-ci.

Et ils crient tous très fort, en plus. Je sais, je vais lui conseiller de faire le mort, ça va peut-être calmer tout le monde.

- EYE
- HUMAN
- TIRED

- OEIL
- HUMAIN, E
- FATIGUÉ (E, S, ES)

Zut, ma stratégie n'a pas fonctionné, personne n'a cru à la mort de **Bobby**.

Mon idée était stylée je trouve, en toute modestie, mais cet idiot a gardé **one eye** ouvert pendant tout, pour voir ce qui se passait ! **Not smart!** Tu le crois, ça ? **So embarrassing** ! Et après il s'étonne de ne pas être pris au sérieux !

Résultat, **my human** a cru qu'il avait simplement chaud ou qu'il était **tired**. **No comment. Anyway, my human** lui a retiré **the hat**, c'est déjà ça.

Comme quoi, ma stratégie a quand même payé ! Normal, après tout, **I am a very smart kitten** !

# LE TEMPS

Dessine une ligne pour lier les images ou les mots.

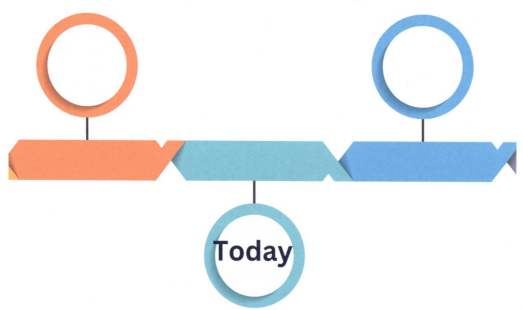

1. Ecris ces dates dans la frise::
- Yesterday
- Tomorrow

3. Relie les mots et leur signification

Every day          Hier

Yesterday          Aujourd'hui

This morning       Jours

Today              Tous les jours

Days               Ce matin

# Retrouve quelques mots du Chapter Four
*Attention: certains mots sont en diagonale*

**Row (ligne)** — lignes 1 à 12
**Column (colonne)** — colonnes A à Q

| | A | B | C | D | E | F | G | H | I | J | K | L | M | N | O | P | Q |
|---|---|---|---|---|---|---|---|---|---|---|---|---|---|---|---|---|---|
| 1 | W | S | R | D | J | S | E | N | X | F | A | E | C | O | T | O | P |
| 2 | A | A | C | H | C | V | Z | R | J | K | P | T | H | A | P | P | Y |
| 3 | C | L | H | H | J | G | W | U | V | R | A | B | I | G | C | K | V |
| 4 | Z | T | N | D | W | T | C | A | S | S | M | A | L | L | G | J | J |
| 5 | H | K | Z | E | H | D | Y | A | I | R | F | V | D | D | Z | O | A |
| 6 | Y | E | O | D | I | A | J | Y | K | T | Y | B | R | K | W | G | O |
| 7 | H | N | W | Z | P | J | W | S | M | E | S | Q | E | D | D | Z | Z |
| 8 | C | O | T | I | E | V | Z | T | U | P | P | A | N | F | L | S | L |
| 9 | R | B | R | S | L | F | L | X | K | T | Y | E | H | S | A | E | A |
| 10 | N | O | V | S | I | F | B | W | W | R | I | J | U | P | K | U | E |
| 11 | O | Z | R | N | E | V | C | D | B | R | P | R | U | N | C | J | W |
| 12 | E | E | T | R | T | Q | B | G | F | U | Y | F | D | S | R | Q | W |

**Mots à trouver :**

1. Enfants — **CHILDREN** (colonne M, lignes 1 à 8, vertical)
2. Cheval — **HORSE** (diagonale : A7, B8, C9, D10, E11)
3. Petit — **SMALL** (ligne 4, colonnes J à N)
4. Gâteau — **CAKE** (diagonale : G4, H5, I6, J7)
5. Attends — **WAIT** (diagonale : G3, H4, I5, J6)
6. Heureux — **HAPPY** (ligne 2, colonnes M à Q)
7. Amie — **FRIEND** (diagonale : I12, J11, K10, L9, M8, N7)
8. Grands — **BIG** (ligne 3, colonnes L à N)

Jeu du True (vrai) or False (faux). Puis, associe les animaux étiquetés 'false' avec leur vrai nom.

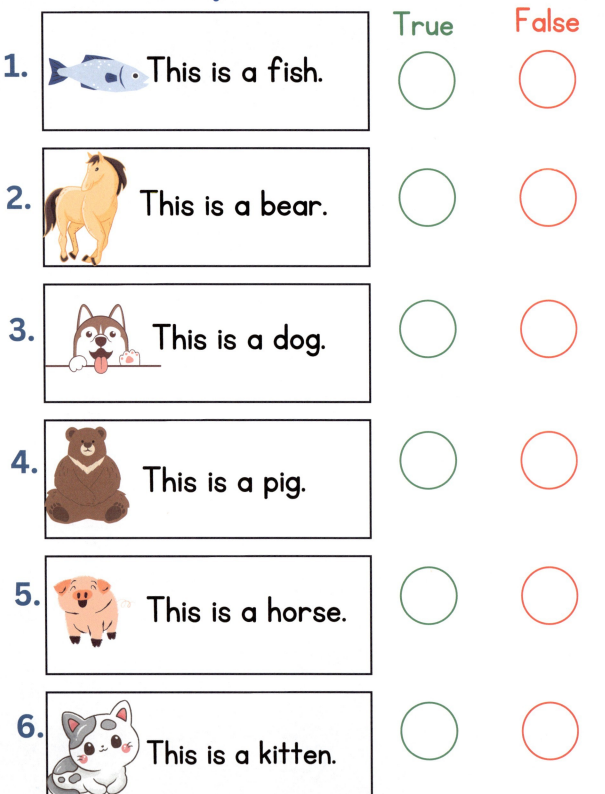

# Ecris le nom des vignettes dans la colonne Big ou Small

**Big**  **Small**

Big:
1. The sun
2.
3.
4.
5.
6.
7.
8.

Small:
1. ✗
2.
3.
4.
5.
6.
7.
8.

1. sun
2. school
3. children
4. woman
5. fish
6. tree
7. cake
8. hat

I **think**
Je pense

**You think**
Tu penses

**He, she thinks** (n'oublie jamais le petit s à la 3e personne du singulier)
Il, elle pense

**We think**
Nous pensons

**You think**
Vous pensez

**They think**
Ils, elles pensent

**Bulle 1** = "J'espère que Bobby va bien'
**Bulle 2** = "Bobby, comment vas-tu? "
**Bulle 3** = Je vais bien, mais je suis fatigué. Et je n'aime pas les chapeaux.

- THINK
- HOPE
- THAT
- GOOD

- PENSER
- ESPÉRER
- QUE / QUI (CETTE, CE -SELON LE CONTEXTE)
- BON, BONNE, BONS, BONNES

## CHAPTER FIVE
## MY FRIEND BOBBY IS NOT HAPPY!

Donc, **yesterday**, comme tu le sais, c'était **the birthday** de Gaspard. **My friend Bobby is** toujours vivant. **I think**. Enfin, **I hope**. Il ne bouge plus, mais il respire. Mais il ne réagit pas. Je crains le pire.

D'ailleurs, je suis allé réveiller **my human at five A.M**, mais il m'a dit, entre deux ronflements, 'ce n'est pas l'heure de jouer, Sarcasme !' Je suis dégoûté. Même l'humaine ne m'a pas soutenu ! Pffff, **no comment.**

Je peux te dire que je les attendais tous les deux de pied ferme **this morning** quand ils ont daigné se lever après une grasse matinée, **at seven A.M**. Tu crois qu'ils se seraient excusés ? Même pas ! Pourtant, un simple **sorry** n'aurait pas été du luxe !

Mais ne t'en fais pas que j'ai miaulé très fort pour montrer mon indignation ! J'ai miaulé tellement fort en fait, que même Bobby m'a dit **'thank you, Sarcasm the cat, you are a really good friend'**!

- BREAKFAST
- COFFEE
- EGGS
- TEA
- SUGAR
- SAUSAGES
- TOMATO
- TOMATOES
- SUNDAY
- SATURDAY
- SAD

- PETIT-DEJEUNER
- CAFÉ
- OEUFS
- THÉ
- SUCRE
- SAUCISSES
- TOMATE
- TOMATES
- DIMANCHE
- SAMEDI
- TRISTE,S

Tous les deux ont pris leur **breakfast**, comme si de rien n'était. Je n'en reviens toujours pas, pour tout te dire. Un tel manque de compréhension envers **my friend Bobby**, me laisse sans voix.

Ils étaient là, à rire pendant que **my human** buvait **his coffee**, et mangeait des **eggs**, et que l'humaine prenait du **tea with sugar and milk**, et qu'elle mangeait **two sausages and one tomato, no, sorry, two tomatoes today.**

Ils appellent ça le **English breakfast**, et ils mangent ça le **Sunday morning**, et quelques fois le **Saturday morning, but not every day**.

J'ai été obligé de dire à **Bobby 'See, Bobby, I think that** les grands humains sont sans doute égoïstes, qu'ils se lèvent super tard, et que, si ça se trouve, ils ne nous souhaitent même pas de **birthday**. On oublie la **birthday party**!

**Bobby** était bien d'accord avec moi, d'ailleurs.

Je me suis senti **sad for Bobby**, parce qu'il m'a dit :

« Les petits humains n'ont pas été **mean with me**, au contraire, ils étaient **very nice, but** il y a avait beaucoup de bruit **and I am tired**.
Où est-ce que je peux aller me reposer ? »

**Bulle 1** = "Il n'y a pas de podcasts sur le stress des animaux pour aider Bobby. Rien!

- UNDERSTAND
- SOLUTION
- TO HELP
- STRESS
- OF
- ANIMALS
- NOTHING

- COMPRENDRE
- SOLUTION
- AIDER, (POUR) AIDER
- STRESS
- DES, DU, DE (SELON CONTEXTE)
- ANIMAUX
- RIEN

Il ne m'en fallait pas plus pour mener une petite enquête discrète. La discrétion, ça me connait. J'ai donc fait le tour du quartier pour raconter à tout le monde ce qu'il s'était passé et avoir des conseils.

**Anyway**, **Bobby** m'a dit que je ne savais pas tenir ma langue. **No comment.**

Mais alors, qu'est-ce que **the other cats** critiquent, c'est dingue ! '**Humans are not smart** comme nous, **and they are** égoïstes, et ils se lèvent tard, et ils ne nous souhaitent même pas le **birthday** la plupart du temps '. J'avais honte pour eux, **really**. **So embarrassing** !

Alors là, tu te dis sans doute que je fais la même chose, sauf que ce n'est pas pareil **for me**. Si je critique, c'est uniquement pour que **you understand** ce qu'il se passe **in my house**.

Après avoir listé tous les conseils des **nine cats** du quartier, je suis arrivé à la conclusion suivante : c'est moi qui vais devoir trouver **a solution to help my friend Bobby.**

J'ai donc décidé de me former en psychologie **to help my friend Bobby**. Lorsque tous les humains de **my house** sont partis, je me suis mis à la recherche d'un **podcast** de qualité sur le **stress of animals. Nothing**. Je suis dégoûté. Pffff. **No comment.**

Pour te souvenir comment distinguer **A.M de P.M**, voici une astuce: tu peux dire *Avant Midi pour AM*, et *Post ou aPrès Midi pour P.M*

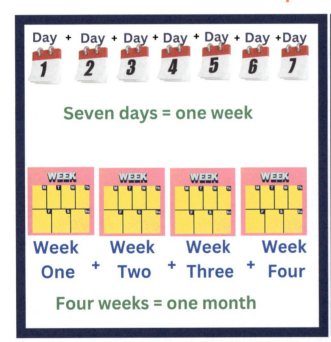
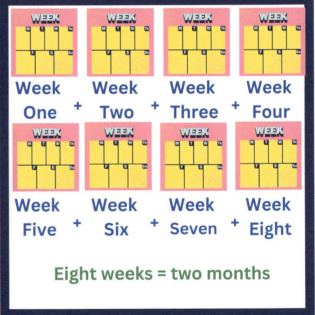

- EIGHT
- WEEKS
- 2PM
- TO KNOW
- AFTERNOON

- HUIT
- SEMAINES
- 14H (OU 2H DE L'APRÈS-MIDI)
- CONNAÎTRE / SAVOIR
- APRÈS-MIDI

**Anyway**, alors que j'écoutais **Bobby** se lamenter, **my friend Bella the cat**, que je connais depuis au moins **eight weeks**, est arrivée.
**She lives in the house** d'à côté, et est venue nous rendre visite **with a good solution to help my friend Bobby.**

Apparemment, vers **2pm**, il va y avoir un atelier chez elle avec une psychologue ! Et comme **I know her, she is very nice**, elle m'a invité. J'ai dit à **Bobby** que j'allais à **2pm** chez **my friend Bella**.

Il est resté me regarder, et après un long moment de réflexion, m'a demandé si je ne voulais pas plutôt dire à **2A.M**, au lieu de **2P.M**.

J'ai dû lui expliquer que **AM**, c'était **the morning**, et **PM**, c'était **afternoon**. D'ailleurs, A pour Avant et M pour Midi. Et P pour Post M Midi. Donc, AM avant midi, soit le matin. Et PM pour après-midi, **afternoon**, jusqu'à minuit.

**Bobby** a apprécié mon explication, parce qu'il m'a dit que **now** il comprenait mieux pourquoi, parfois, il restait devant son bol et qu'il n'y avait rien dedans. C'est parce qu'il mélangeait un peu les **hours**.

En même temps, personne ne lui avait donné d'explication, donc, normal.

- HELLO
- ON
- SOFA

- BONJOUR
- SUR
- CANAPÉ

Avant de me présenter devant dame psychologue, j'ai fait ma toilette, en prenant soin de me faire des petites lichettes bien partout, y compris sur mes pattes.

Parce que je sais que I am cute, et que ça passe aussi par mon apparence. Donc, je peux te dire que quand je suis arrivé, tout le monde s'est extasié sur moi. Normal.

J'ai dit « hello », et j'ai aussitôt trouvé ma place, on the sofa, juste en face de la psychologue.
Après tout, j'étais là en mission, pour trouver a solution for my friend Bobby, j'ai donc préféré trouver une place juste en face, pour bien écouter tous ses conseils.

Bon, à un moment, honnêtement, j'étais un peu saoulé, et j'ai fermé my eyes. Tout le monde a cru que je faisais a nap, mais pas du tout, j'étais en mode méditation.

And now, I think that I have a very good solution for my friend Bobby.

- HELLO • BONJOUR
- ON • SUR
- SOFA • CANAPÉ

# VOCABULARY MATCHING

Draw a line to match the pictures to the words.
Dessine une ligne pour lier les images aux mots.

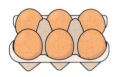    • **Milk**

    • **Sugar**

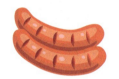   • **Tomato**

    • **Tea**

    • **Eggs**

    • **Coffee**

    • **Sausages**

**I love** ♥     **I like** 💚     **I don't like** 🖤

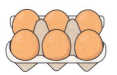          

_____     _____     _____

_____

Nomme et choisis ton petit-déjeuner idéal. Tu peux le compléter avec des nouveaux mots!

I love

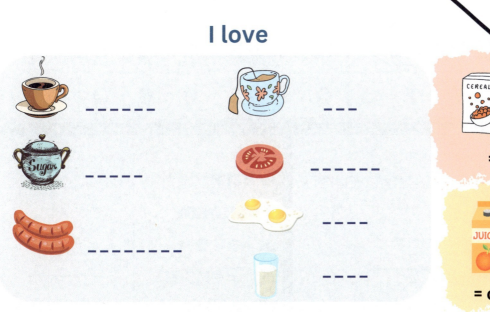

= cereals

= orange juice

# Retrouve quelques mots du Chapter Five
*Attention: certains mots sont en diagonale*

**Row (ligne)**  **Column (colonne)**

|   | A | B | C | D | E | F | G | H | i | J | K | L | M |
|---|---|---|---|---|---|---|---|---|---|---|---|---|---|
| 1 | G | Q | H | Y | U | U | S | L | T | G | L | G | R |
| 2 | S | G | S | D | Z | N | O | V | Y | B | S | Z | E |
| 3 | H | H | T | E | S | D | U | S | G | L | O | V | E |
| 4 | E | O | V | P | B | E | H | T | H | I | N | K | K |
| 5 | S | A | W | L | E | R | S | J | R | K | N | O | W |
| 6 | H | B | T | S | V | S | H | O | P | E | I | H | Y |
| 7 | E | M | U | D | X | T | D | H | E | L | P | I | Q |
| 8 | L | X | R | S | G | A | S | U | R | R | N | H | X |
| 9 | R | Z | U | V | P | N | I | R | E | O | E | F | X |
| 10 | K | F | E | T | Q | D | E | S | C | G | Q | O | I |

1. Aimer — - - - -
2. Espérer — - - - -
3. Voir — - - -
4. Savoir — - - - -
5. Avoir — - - - -
6. Comprendre — - - - - - - - - -

7. être — - -
8. Adorer — - - - -
9. Faire — - -
10. Penser — - - - - -
11. Aider — - - - -

# Crossword - Mots Croisés

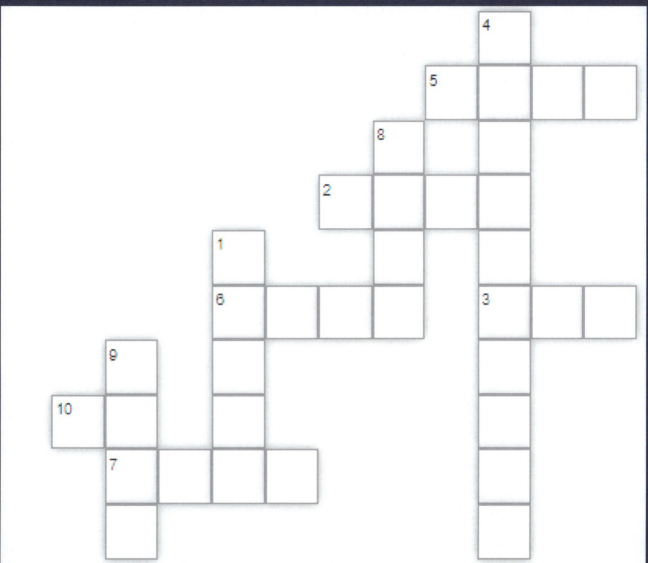

### across - horizontal

2. Espérer
3. Voir
5. Savoir
6. Avoir
7. Aimer
10. Etre

### down - vertical

1. Penser
4. Comprendre
8. Adorer
9. Aider

**no kisses**

**Bobby, I can help you! Imagine that you are a human!**

**What? But I am not a human! I am a dog!**

**Bulle 1** = "Bobby, je peux t'aider! Imagine que tu es un humain!"
**Bulle 2** = "Quoi? Mais je ne suis pas un humain! Je suis un chien!"

- CAN
- KISS / KISSES
- CHEEK
- HUG
- THEIR
- ARMS
- NOSE
- TO KISS
- MOUTH
- BYE
- IMAGINE

- POUVOIR
- BISOU / BISOUS
- JOUE
- CÂLIN, ACCOLADE
- LEUR, LEURS (À ELLES, EUX)
- BRAS
- NEZ
- EMBRASSER
- BOUCHE
- SALUT / AU REVOIR
- IMAGINER

## CONCLUSION
## I CAN HELP MY FRIEND BOBBY !

Une fois l'atelier terminé, je suis vite revenu parce que tout le monde avait l'air de se rendre compte que j'étais **on the sofa**, à vouloir me faire des **kisses**, **but I don't like kisses.**

Je préfère quand on me laisse mettre **my cheek**, contre celle des humains pour faire **a hug**. Ce n'est pas **a hug** comme les humains qui se prennent **in their arms**, **but** c'est le genre de **hug** que j'apprécie.

Des fois, je mets **my head** contre **the nose** de Coralie et de Gaspard, ou je vais **on their hair. I think that they like it. They are very nice because they don't kiss me on the mouth**, **because** sinon, je m'enfuis.
**Anyway**, j'ai dit « **bye** », et je me suis échappé d'un pas léger mais déterminé.

De retour chez moi, je suis allé voir **the dog** et lui ai fièrement annoncé : « **I can help you, Bobby ! I have a solution! Imagine that you are a human.** »

**The dog** m'a regardé comme si j'étais devenu fou. Il m'a fait remarquer qu'il n'était pas **a human but a dog**. « **I am a dog, I am not a human** », m'a-t'il dit.

**Bulle 1** = "Bobby, je sais que tu es fatigué. Ecoute, imagine que tu es un humain et que tu as des problèmes.
**Bulle 2** = "Je ne comprends pas!"

- LISTEN TO
- READY

- ECOUTER
- PRÊT (E,S,ES)

Entre toi et moi, ça m'énerve un peu quand **Bobby** ne fait pas d'effort **to understand what** *(ce que)* **I say, but I know that he is tired**, donc j'ai préféré prendre sur moi.

**Anyway**, j'ai été quand même obligé de lui expliquer quelques règles de base:
« **Listen**, on ne va pas s'en sortir si tu ne fais pas d'efforts. Fais semblant **to be a human with problems**, apparemment **humans have problems** qu'ils se racontent entre eux. Je ne savais pas que la vie des **humans** était aussi problématique, j'ai halluciné. »

**Bobby** a pris son air ahuri. « **I don't understand !!** »

« Pfff, tu n'as aucune patience. Arrête de m'interrompre **and listen to me: imagine that you are a human and that you have problems. We have three solutions. Ready**? »

« **Ready** »

« **Solution Number One** : tu peux me raconter **your problems, I listen to you**, et apparemment tu dois me payer en fin de séance. Comme tu n'as pas d'argent, on oublie. »

« Oui, c'est mieux ».

**Bulle 1** = "J'aime mon objectif, Sarcasme le chat! Je suis heureux !
**Bulle 2** = Ecoute-moi! Tu as cinq minutes parce que je n'ai pas toute la journée, Bobby!"

- MINUTES
- YOUR
- AN
- OBJECTIVE
- WHAT
- ABOUT
- ALL
- BECAUSE

- MINUTES
- TON, TA, TES (À TOI)
- UN, UNE (DEVANT UNE VOYELLE)
- OBJECTIF
- QUOI, QU'EST-CE QUE, CE QUE
- A PROPOS DE / AU SUJET DE
- TOUT (E,S,ES)
- PARCE QUE

« **Solution number two** : tu écris **your problems and you listen to** un enfant intérieur apparemment. **Anyway**, tu ne sais pas écrire et je n'ai pas remarqué que tu avais **a human** à l'intérieur de toi, donc cette **solution** a l'air complètement débile, on oublie aussi. »

« **Yes**, je suis d'accord. »

« **Solution number three** : tu te prends quelques **minutes** pour te plaindre, mais au bout de quelques **minutes**, tu relèves **your head**, et apparemment tu vas mieux. Et tu te concentres sur **an objective** qui te fait plaisir. Ça n'a pas l'air trop difficile, on va essayer ça. »

« **Thank you. But I don't understand: 'what is an objective, please?.** »

« **Well, yes, a good objective for you**, c'est un gros os avec de la bonne viande dessus. **You think about it, you are happy**, et voilà, tu es guéri. »

« **I really love my objective** ! »

« **Good! But now**, tu dois laisser sortir **all your problems. You have five minutes, because I don't have all day, my friend. Ok, ready?** »

91

Bulle 1 = "QUOI!!"
Bulle 2 = "Tu ne peux pas comprendre! Et j'ai mes arbres préférés!"

- PEE
- CAN'T
- FAVOURITE
- IMPORTANT
- CLOSE
- WHERE

- FAIRE PIPI
- NE PAS POUVOIR
- FAVORI / PRÉFÉRÉ (E,S,ES)
- IMPORTANT (E,S,ES)
- FERMER
- OÙ

« **Oh, ok. I am sad because** tout le monde m'a demandé **to do** plein de choses **yesterday**, j'étais **very tired**, et personne ne m'a dit "**thank you**" en fin de journée. Et puis, aussi, je n'ai pas été faire mon petit tour hier. **I love** faire pipi **on trees** et aboyer très fort sur les feuilles. »

« **Wait, WHAT ?** J'hallucine. **You pee on trees** ? T'es sérieux ? Bon, bon, je me tais, **your problems are your problems. But now I know that you pee on trees. Oh my God!** »

« **You can't understand! And I have my favourite trees !** »

« **Oh my God! Really?** Je suis choqué. Mais j'ai promis **to help you**, alors je vais essayer d'oublier ce que tu viens de me dire. Est-ce que tu veux me dire autre chose ? »

« **Wait. No. But it's important to me.** »

« Si tu le dis. Ok. Tu as raconté **your problems. Now, close your eyes and imagine your objective. Can you see it ?** »

« **What ?**

« **Your objective** »

" **Where ? »**

« **Well, in your head !** »

« **Wait, I think I can see my objective, yes** »

Bulle 1 = "Il y a trois solutions: Solution numéro Une, solution numéro deux, solution numéro trois"
Bulle 2 = "Ouvre les yeux maintenant. Comment vas-tu?"
Bulle 3 = "Je vais bien, merci. Tu es un bon ami!"
Bulle 4 = "De rien, Bobby:)"

- OPEN
- YOU'RE WELCOME
- BUSY

- OUVRIR
- DE RIEN
- OCCUPÉ, S, ES

« **Good! Now, open your eyes. How are you ?** »

« **I'm fine** »

« Bon, voilà. Je t'annonce officiellement que tu es guéri. Tu as le droit de me dire merci. »

« **Thank you, Sarcasm the cat. You are a good friend!** »

« **You're welcome**, Bobby ».

Entre toi et moi, le reste de la journée a passé vite **because I am very busy.** Yes, I am a very busy kitten.

**Because today, well, this morning,** je suis allé réveiller **my human at five A.M.**, j'ai vu que **Bobby** n'était pas **happy**, j'ai fait ma toilette, je suis allé à un atelier que j'ai écouté en méditation, j'ai guéri **my friend Bobby the dog**, et je lui ai même appris des mots **in English.**
Et tout ça, sans faire de **nap in the afternoon ! I am tired now !**

Vivement les vacances, comme diraient Coralie **and** Gaspard !

# Retrouve quelques mots de The Conclusion
## Attention: Quelques mots sont en diagonale

Row (ligne) / Column (colonne)

|   | A | B | C | D | E | F | G | H | I | J | K | L | M | N | O | P | Q | R | S | T | U |
|---|---|---|---|---|---|---|---|---|---|---|---|---|---|---|---|---|---|---|---|---|---|
| 1 | F | T | L | V | H | G | B | R | E | W | Q | E | N | Q | J | N | V | T | U | W | O |
| 2 | N | O | Z | N | D | F | L | V | H | Y | V | J | T | M | H | R | A | T | H | Z | T |
| 3 | N | H | G | E | I | U | I | D | R | J | S | D | G | A | K | A | W | Y | R | R | Y |
| 4 | G | X | A | H | A | T | I | N | R | E | R | Y | P | Y | N | K | G | R | V | D | D |
| 5 | Z | G | T | Q | C | G | T | J | S | Z | N | H | O | L | Z | G | U | A | B | S | N |
| 6 | O | O | U | E | Y | O | Z | U | M | Y | C | I | F | Y | O | X | G | B | I | X | P |
| 7 | G | K | J | B | I | N | A | U | B | G | Z | S | C | E | C | U | X | Y | M | N | O |
| 8 | O | B | V | E | O | C | G | I | O | A | W | Y | T | Q | H | N | Z | S | K | F | N |
| 9 | O | P | J | F | E | N | Q | J | C | R | O | H | F | A | V | O | U | R | I | T | E |
| 10 | Q | Q | Y | B | W | U | F | B | Z | T | H | U | E | P | Y | D | B | U | S | Y | T |
| 11 | W | I | B | F | U | U | L | Z | L | U | G | D | I | R | P | D | X | N | S | P | O |
| 12 | E | D | I | R | W | K | J | I | Z | U | P | B | E | G | E | C | H | E | E | K | T |
| 13 | F | I | W | Z | W | M | T | E | H | V | W | L | R | X | L | C | H | B | S | D | T |

## Ecris les mots en anglais et retrouve-les dans la grille

1 **Bisous**
2 **Objectif**
3 **Occupé**
4 **Câlin**
5 **Où**
6 **Parce que**
7 **Favori / Préféré**
8 **Joue**

1 _ _ _ _ _ _
2 _ _ _ _ _ _ _ _ _
3 _ _ _ _
4 _ _ _
5 _ _ _ _
6 _ _ _ _ _ _ _
7 _ _ _ _ _ _ _ _ _
8 _ _ _ _ _

# VOCABULARY MATCHING

**Draw a line to match the pictures to the words.**
Dessine une ligne pour lier les images aux mots.

    Busy

    Minutes

    Cheeks

    See

    Open

   Arms

  Listen

# This is Gaspard's HEAD !

Ceci est la tête de Gaspard!

## Complete with the words below

Complète avec les mots ci-dessous

| hair | ears | mouth |
| cheeks | nose | eyes |

# What can you see?
*Qu'est-ce que tu peux voir?*
*Que peux-tu voir?*

## I can see: (je peux voir)
(entoure ce que tu peux voir, et relie les mots aux images - barre ce que tu ne vois pas, en disant "No, I can't! (see.....")

a girl   a boy   a man   a bear   a garden   children
a woman   grass   the sky   a cake   the sun
a kitchen   a horse   a house   cats   dogs   a car
Sarcasm   a mouse   a pig   trees

## Please answer the questions (s'il-te-plaît, réponds aux questions)

1. Where is the woman? The woman ___ ___ ___ _____ .
2. What colour is the car? The car _____ _____ .
3. Is the boy happy? Yes / No, he _____ (happy).

# Correction - Answer Key

## Chapter One

### p16

### p17

### p18

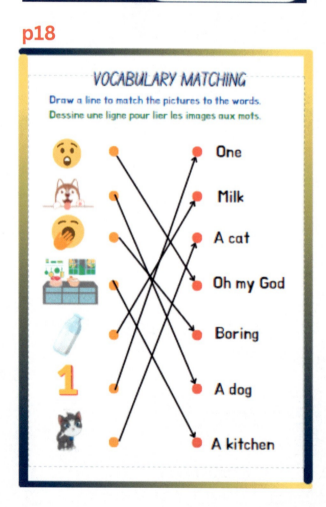

### p19

# Chapter Two

## p38

## p39

| 6 | SIX | 2 | TWO |
|---|---|---|---|
| 3 | THREE | 4 | FOUR |
| 8 | EIGHT | 7 | SEVEN |
| 1 | ONE | 5 | FIVE |
| 9 | NINE | 10 | TEN |

① One  ② Two  ③ Three  ④ Four  ⑤ Five
⑥ Six  ⑦ Seven  ⑧ Eight  ⑨ Nine  ⑩ Ten

## p41

## p42

1. Bleu  3. Noir  5. Vert
2. Rouge  4. Jaune  6. Gris

*Le reste du dessin est blanc:)*

# Chapter Three

**p52**

**p53**

**p54**

**p55**

There ARE TWO GIRLS.
(Il y a deux filles)

There IS ONE BOY.
(Il y a un garçon)

There ARE THREE DOGS.
(Il y a trois chiens)

There ARE FOUR CUTE CATS.
(Il y a quatre chats mignons)

There ARE SIX RED CARS.
(Il y a six voitures rouges)

There ARE TWO BLACK HATS.
(Il y a deux chapeaux noirs)

**p56**

**p57**

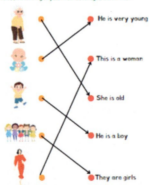

# Chapter Four

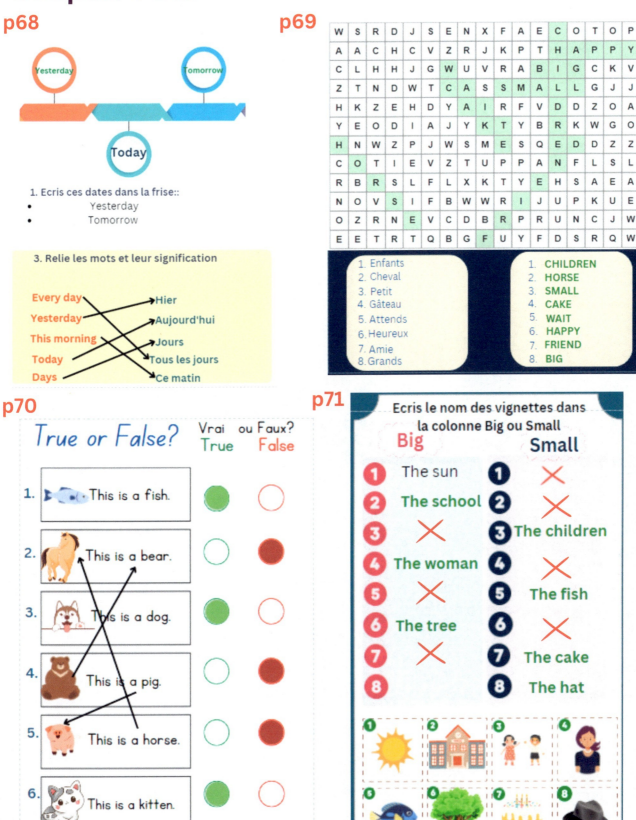

103

# Chapter Five

**p82**

**p83**

**p84**

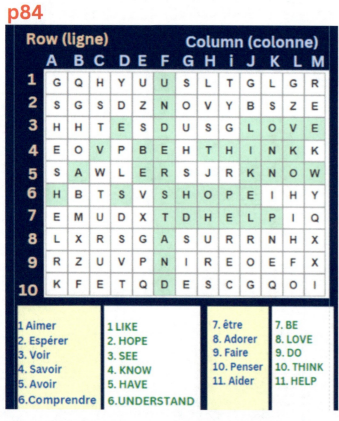

**p85**

# Conclusion

p96

p97

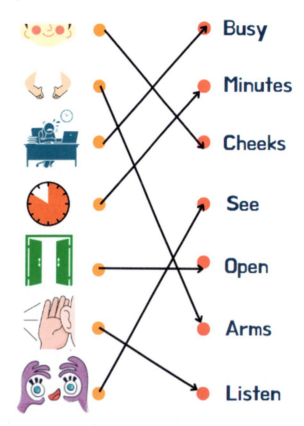

p97

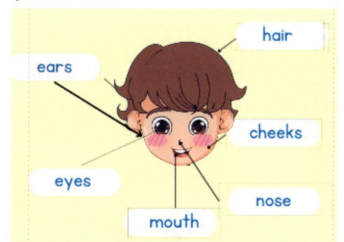

1. Where is the woman? Où est la femme?

2. What colour is the car? De quelle couleur est la voiture? ┈┈┈┈┈➤

3. Is the boy happy? Le garçon est-il heureux?

p98

Please answer the questions (s'il-te-plaît, réponds aux questions)

1. Where is the woman? The woman **is in the kitchen**.
2. What colour is the car? The car **is red** .
3. Is the boy happy? **Yes** / **he is** (happy).

105

BRAVO ! Dans les pages suivantes, tu pourras consulter les fiches de vocabulaire, mais tu peux dès maintenant faire tes premières phrases, poser tes premières questions, comprendre plein de phrases en anglais ! SUPER!

Si tu veux suivre les aventures de Sarcasm the cat, tu peux consulter le site www.Langfic.com. Ainsi, tu seras informé(e) avant tout le monde de la parution du prochain livre, qui parlera de Sarcasme au bord de la crise de nerfs !

En attendant de retrouver toutes ses aventures, n'oublie pas que **des jeux bonus, des listes de vocabulaire et un audio (sous forme de vidéo)** t'attendent à:
https://langfic.com/b/packsarcasme1

Tu peux sinon flasher le QR Code de cette page.

# Vocabulary - Vocabulaire

| English | Français | Chapter |
|---|---|---|
| Chapter | Chapitre | One |
| One | Un / une (le chiffre) | One |
| I | Je, j' | One |
| Am | Suis | One |
| Sarcasm | Sarcasme | One |
| The | Le, la, les, l' | One |
| Cat | Chat (au singulier) | One |
| My | Mon, ma, mes | One |
| Name | Prénom | One |
| Is | Est | One |
| No | Non, pas, pas de | One |
| No comment | Sans commentaire | One |
| Smart | Intelligent (e/s/es) | One |
| Anyway | Bref, en tous cas (selon le contexte) | One |
| English | Anglais, anglaise, anglaises | One |
| Oh well (well) | Eh bien / tant pis, selon le contexte | One |
| For now | Pour le moment (trad. Lit. 'pour maintenant' | One |
| For | Pour | One |
| Now | Maintenant | One |
| Royal | Royal (e, es) | One |
| So embarrassing | La honte! | One |
| Cats | Chats (au pluriel - tu dois prononcer le s) | One |
| A | Un, Une | One |
| You are | Tu es / Vous êtes | One |
| You | Tu / vous | One |
| Are | Es / êtes / sommes / sont | One |

| English | Français | Chapter |
|---|---|---|
| Oh my God | Oh mon Dieu | One |
| cute | Mignon (mignonne) | One |
| And | Et | One |
| Boring | Ennuyeux, ennuyeuse, ennuyeuses | One |
| Dog | Chien | One |
| Colours | Couleurs | One |
| Two | Deux | One |
| AI | IA (Intelligence Artificielle) | One |
| Love | Adorer | One |
| I love it | J'adore ça | One |
| It | ça, il, elle (tout dépend s'il s'agit du sujet) | One |
| Milk | Lait | One |
| In | dans | One |
| Kitchen | Cuisine | One |
| Check | Vérifier (ou vérification, ce sera a check) | One |
| Sorry | Désolé (e,s,es) | One |
| Activities | Activités | One |
| True | Vrai | One |
| False | Faux | One |
| Vocabulary | Mots de vocabulaire | One |
| Matching | Association (dans notre contexte) | One |
| Match | Associer (si verbe), un match ou jeu (si COD) | One |

| English | Français | Chapter |
|---|---|---|
| Crossword | Mots Croisés | One |
| Cross | Croiser | One |
| Words | Mots | One |
| Says | Dit | One |
| Not really | Pas vraiment | Two |
| Really | Vraiment | Two |
| Tree | Arbre (singulier) | Two |
| Trees | Arbres (pluriel - tu dois prononcer le s) | Two |
| Mean | Méchant,e,s,es | Two |
| He | Il | Two |
| is not (ou isn't, à la forme contractée) | N'est pas | Two |
| At three A.M | A trois heures du matin | Two |
| A.M | Du matin | Two |
| Three | Trois | Two |
| Number | Numéro | Two |
| Four | Quatre | Two |
| Five | Cinq | Two |
| What | Quoi / Qu'est-ce que (si tu commences une question) ce que dans une phrase | Two |
| What is this (what's this en forme contractée) | Qu'est-ce que c'est?<br>Qu'est-ce que ceci?<br>Qu'est que c'est, ça? | Two |

| English | Français | Chapter |
| --- | --- | --- |
| Mice | Souris (au pluriel) | Two |
| Mouse | Souris (au singulier) | Two |
| House | Maison (au singulier) | Two |
| Houses | Maisons (au pluriel) | Two |
| With | Avec | Two |
| You | Toi | Two |
| Bad | Mauvais, mauvaise, mauvaises | Two |
| Accent | Accent | Two |
| In English | En anglais | Two |
| In | Dans, en (selon le contexte ou si expression) | Two |
| School | Ecole | Two |
| At school | A l'école | Two |
| At | à, au, à la (selon le contexte) | Two |
| Easy | Facile | Two |
| Sky | Ciel | Two |
| Blue | Bleu, bleue, bleus, bleues | Two |
| Sun | Soleil | Two |
| Yellow | Jaune, jaunes | Two |
| Podcast | Podcast | Two |
| Grass | L'herbe | Two |
| Green | Vert, verte, verts, vertes | Two |
| Apple | Pomme (singulier) | Two |
| Apples | Pommes (pluriel - tu dois prononcer le s) | Two |
| Red | Rouge, rouges | Two |

| English | Français | Chapter |
| --- | --- | --- |

| English | Français | Chapter |
|---|---|---|
| Don't (forme contractée) | Ne…..pas | Two |
| Do not | Ne…..pas | Two |
| I don't like | Je n'aime pas | Two |
| Black | Noir, noire, noirs, noires | Two |
| Grey | Gris, e, es | Two |
| Brown | Marron, marrons | Two |
| Bear | Ours | Two |
| Teddy Bear | Peluche ou doudou | Two |
| Tee-shirt | tee-shirt | Two |
| White | Blanc, blanche, blancs, blanches | Two |
| Nap | Sieste | Two |
| For | pour | Two |
| Bed | Lit | Two |
| See | Voir | Two |
| Soon | Bientôt | Two |
| See you soon! | A plus tard! | Two |
| Orange | Orange | Two |
| Six | Six | Two |
| Seven | Sept | Two |
| Eight | Huit | Two |
| Nine | Neuf | Two |
| Ten | Dix | Two |

| English | Français | Chapter |
|---|---|---|
| Have | Avoir, posséder | Two |
| I have | J'ai (dans le sens de posséder) | Two |
| Have got | Avoir (presque pareil que Have mais plus familier) | Two |
| Hi | Salut (plus familier que Hello) | Three |
| How are you? | Comment vas-tu? Comment allez-vous? | Three |
| How | Comment | Three |
| I'm fine | Ca va (je vais bien) | Three |
| Fine | Bien | Three |
| Family | Famille | Three |
| There is | Il y a (quand c'est suivi du singulier) | Three |
| There are | Il y a (quand c'est suivi du pluriel) | Three |
| Daddy / dad | Papa | Three |
| Father | Père | Three |
| Mummy / Mom | Maman | Three |
| Mother | Mère | Three |
| Nice | Gentil, gentille, gentils, gentilles | Three |
| Sister | Soeur | Three |
| Brother | Frère | Three |
| She | Elle | Three |
| Pets | Animaux domestiques | Three |
| Pet | Animal domestique | Three |
| Fish | Poisson (l'animal) | Three |

| English | Français | Chapter |
|---|---|---|
| Are you? | Es-tu / êtes-vous? | Three |
| Yes, I am | Oui (je le suis) | Three |
| No, I'm not | Non (je ne le suis pas) | Three |
| Young | Jeune, jeunes | Three |
| Years | Années (pluriel - tu dois prononcer le s) | Three |
| Old | Vieux, vieille, vieux, vieilles | Three |
| We | Nous | Three |
| Parents | Parents | Three |
| They | Ils, elles | Three |
| Very | très | Three |
| Months | Mois (pluriel - tu dois prononcer le s) | Three |
| Girl | Fille | Three |
| Boy | Garçon | Three |
| Woman | Femme | Three |
| Man | Papa | Three |
| Baby | Bébé | Three |
| Kitten | Chaton | Three |
| Live | Vivre | Three |
| France | France | Three |
| Thank you | Merci | Three |
| Yes | Oui | Three |
| No | Non | Three |

| English | Français | Chapter |
|---|---|---|
| Please | S'il-te-plaît, s'il-vous-plaît | Three |
| Car | Voiture | Three |
| His | Son, sa, ses (à lui) | Three |
| Her | Son, sa, ses (à elle) | Three |
| Hair | Cheveux (toujours au singulier) | Three |
| Happy | Heureux, se, es | Three |
| Birthday (s) | Anniversaire(s -pluriel) | Three |
| To you | à toi | Three |
| Shoes | Chaussures | Three |
| Hat | Chapeau | Three |
| Head | Tête | Three |
| Party | Fête | Four |
| Hours (pluriel - tu prononces le s, pas le h) | Heures | Four |
| Today | Aujourd'hui | Four |
| Days | Jours | Four |
| Yesterday | Hier | Four |
| This morning | Ce matin | Four |
| Party | Fête | Four |
| The dog and I ('the dog and me' familier) | Le chien et moi | Four |
| Cake | Gâteau | Four |
| Hamburger | Hamburger | Four |

| English | Français | Chapter |
|---|---|---|
| Wait | Attends (ou attendez) | Four |
| Me | Moi | Four |
| Angry | En colère | Four |
| Every day | Tous les jours (adv. Ou everyday si adjectif) | Four |
| Problem | Problème | Four |
| Children | Enfants (au pluriel, sinon child au singulier) | Four |
| Child | Enfant (au singulier) | Four |
| Horse | Cheval | Four |
| Other | Autre | Four |
| Small | Petit, petite, petits, petites | Four |
| Big | Grand, grande, grands, grandes, gros, grosse, grosses | Four |
| Do | Faire (verbe) / Est-ce que (question) | Four |
| Eye(s) | Oeil, yeux | Four |
| Human | Humain, e, s, es | Four |
| Tired | Fatigué (ée, és, ées) | Four |
| Friend | Ami, amie | Five |
| Think | Croire | Five |
| Hope | Espérer | Five |
| Good | Bon, bons, bonne, bonnes | Five |
| Breakfast | Petit-déjeuner | Five |

| English | Français | Chapter |
|---|---|---|

| English | Français | Chapter |
| --- | --- | --- |
| Coffee | Café | Five |
| Eggs | Oeufs | Five |
| Tea | Thé | Five |
| Sugar | Sucre | Five |
| Sausages | Saucisses | Five |
| Tomato (es) | Tomate (s) | Five |
| Sunday | Dimanche | Five |
| Saturday | Samedi | Five |
| But | Mais | Five |
| See | Voir | Five |
| Sad | Triste | Five |
| Understand | Comprendre | Five |
| Stress | Stress | Five |
| Of | De, des, de la | Five |
| Animals | Animaux | Five |
| Nothing | Rien | Five |
| Weeks | Semaines (au pluriel - tu dois prononcer le s) | Five |
| Help | Aider | Five |
| Know | Connaitre / Savoir | Five |
| 2pm | 14 heures | Five |
| Am | Avant midi | Five |
| Pm | Post (après) midi | Five |
| Afternoon | Après-midi | Five |

| English | Français | Chapter |
|---|---|---|
| Hello | Bonjour | Five |
| On | Sur | Five |
| Sofa | Canapé | Five |
| Morning | Matin | Five |
| That | Que, qui (ou cette, ce - selon le contexte) | Five |
| Solution | Solution | Five |
| Cereals | Céréales | Five |
| Orange juice | Jus d'orange | Five |
| Can | Pouvoir | Conclusion |
| Kiss / Kisses | Bisou / bisous | Conclusion |
| Cheek | joue | Conclusion |
| Hug | Câlin, accolade | Conclusion |
| Their | Leurs (à eux, à elles) | Conclusion |
| Arms | les bras | Conclusion |
| Nose | Nez | Conclusion |
| Kiss (le verbe) | Embrasser | Conclusion |
| Mouth | Bouche | Conclusion |
| Bye | Salut (en partant), de goodbye (au revoir) | Conclusion |
| Imagine | Imagine | Conclusion |
| Listen | Ecouter | Conclusion |
| Ready | Prêt, prête, prêts, prêtes | Conclusion |
| Objective | Objectif | Conclusion |

| English | Français | Chapter |
|---|---|---|
| Minutes | Minutes (au pluriel - tu dois prononcer le s) | Conclusion |
| Your | Ton, ta, tes (à toi) | Conclusion |
| What | Quoi | Conclusion |
| About | A propos de | Conclusion |
| All | Tout, e, s, es | Conclusion |
| Because | Parce que | Conclusion |
| Pee | Faire pipi | Conclusion |
| Can't | Ne pas pouvoir | Conclusion |
| Favourite | Favori / préféré | Conclusion |
| Close | Fermer | Conclusion |
| Where? | Où? | Conclusion |
| Important | Important | Conclusion |
| Open | Ouvrir | Conclusion |
| You're welcome | Je t'en prie, de rien | Conclusion |
| Busy | Occupé, ée, és, ées | Conclusion |

Printed in France by Amazon
Brétigny-sur-Orge, FR